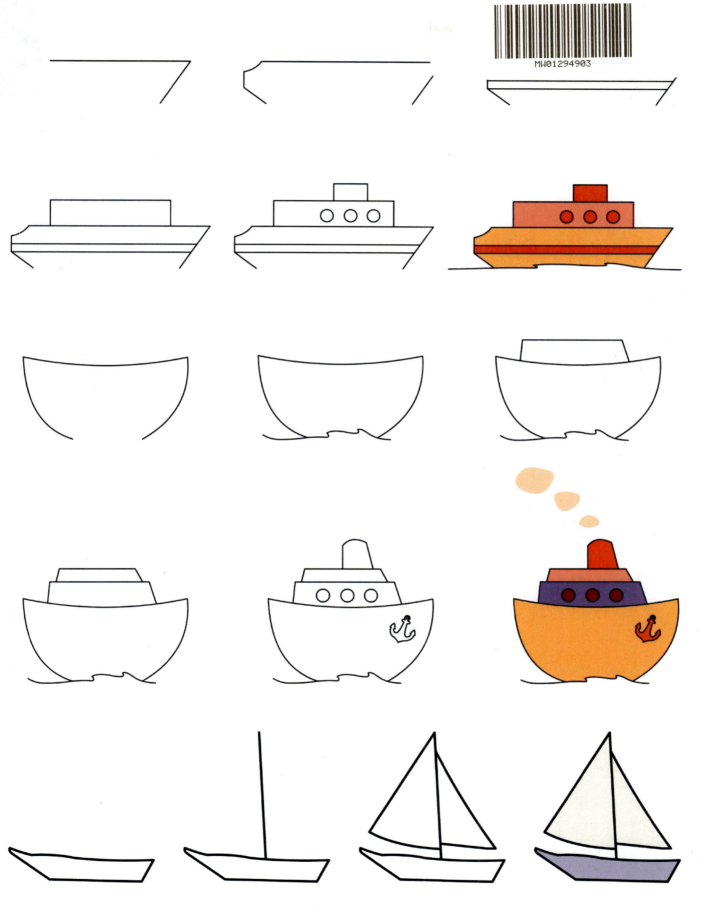

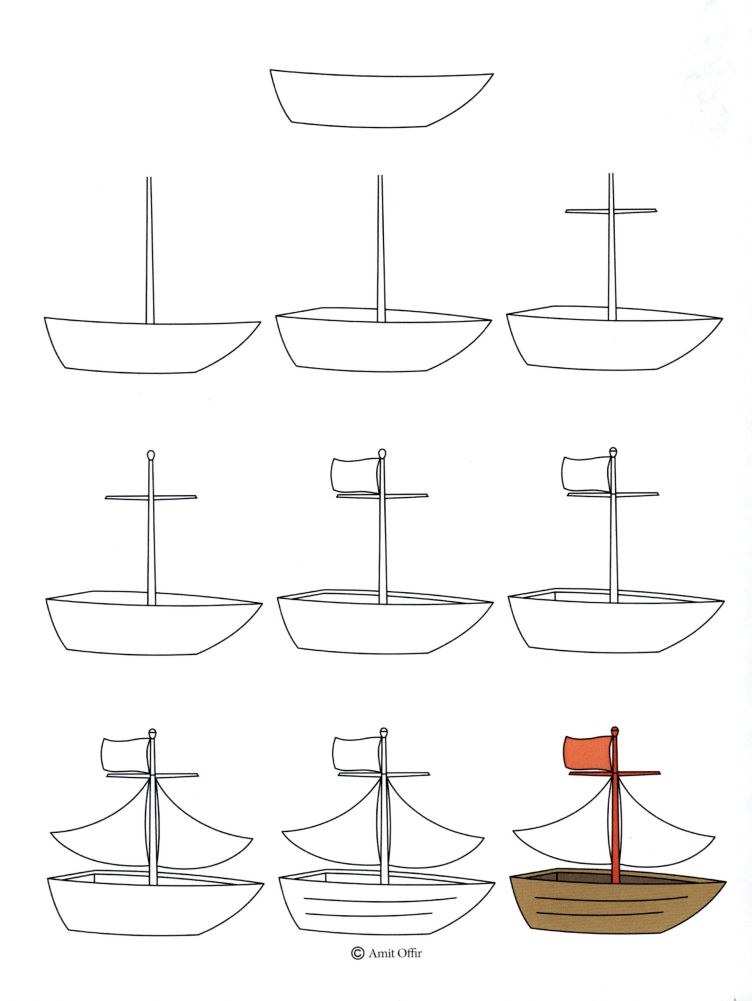
© Amit Offir

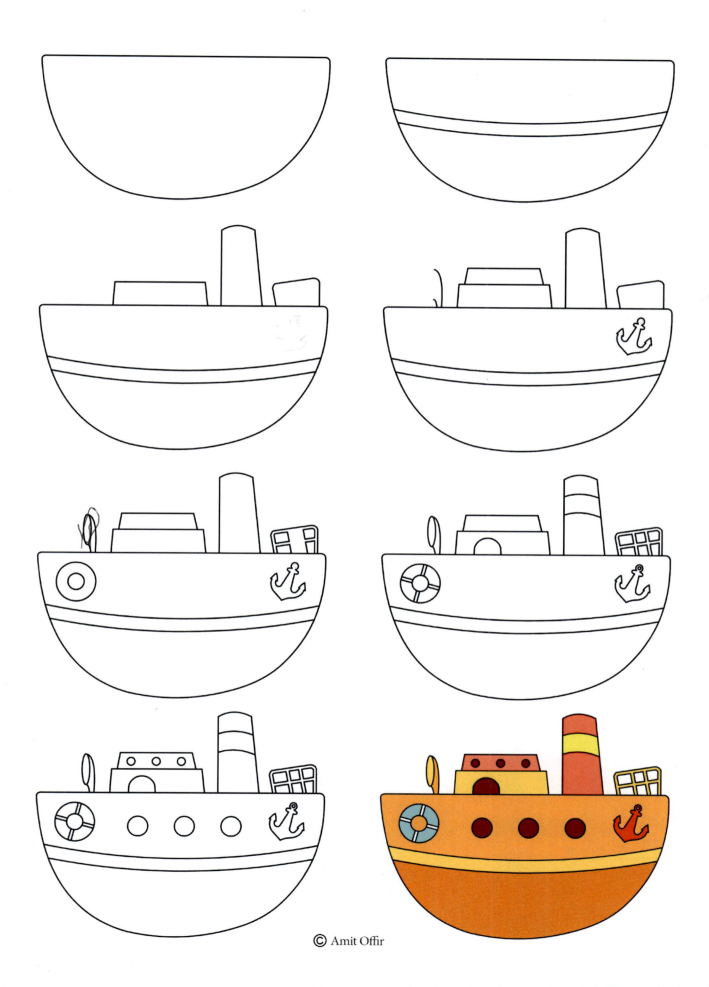

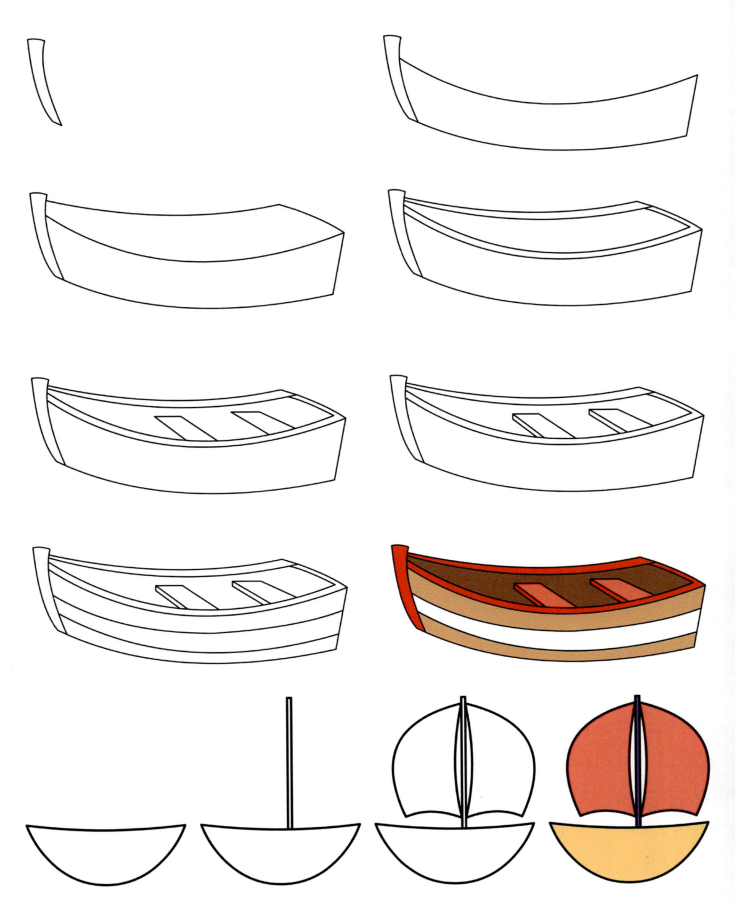

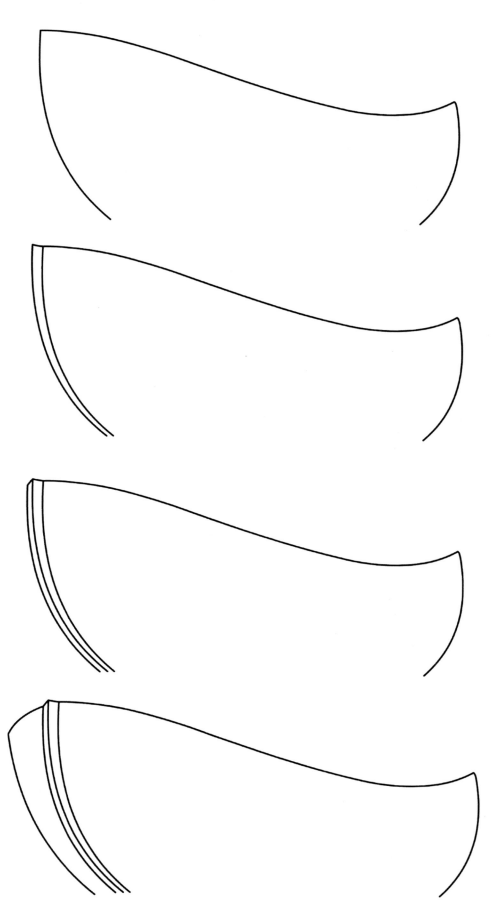

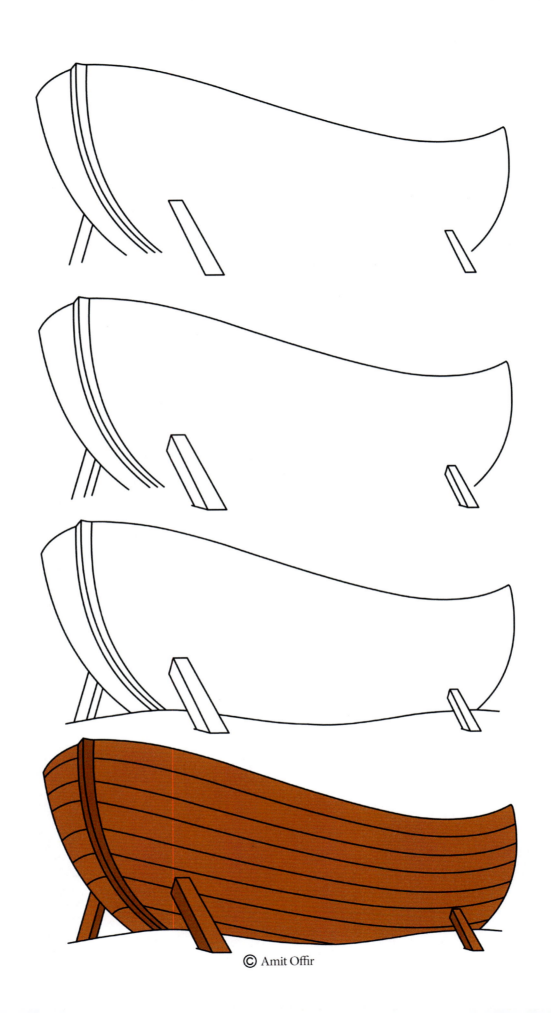

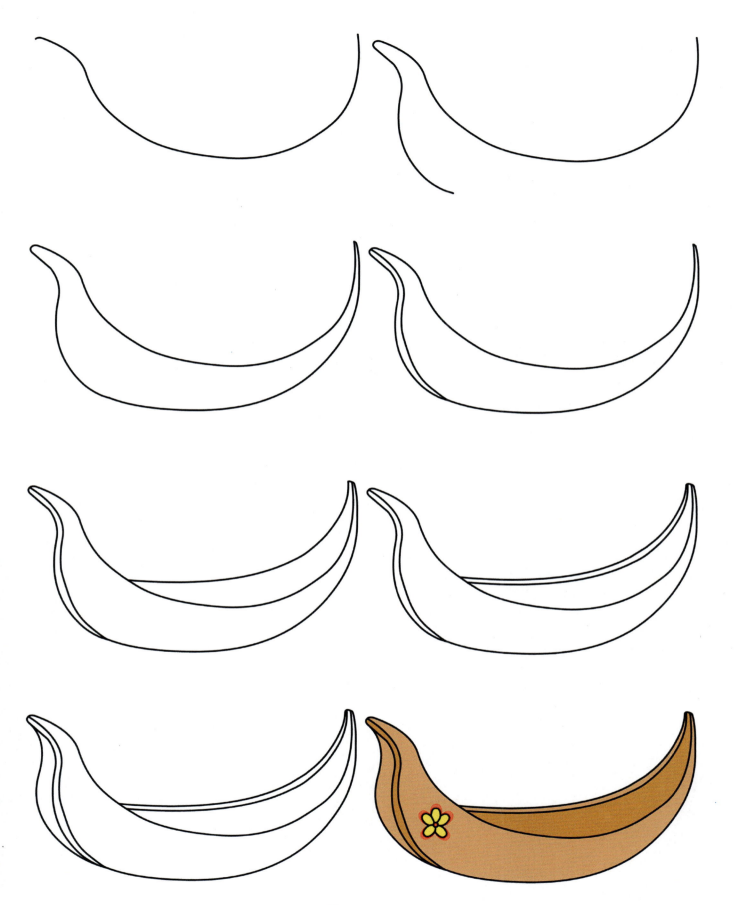

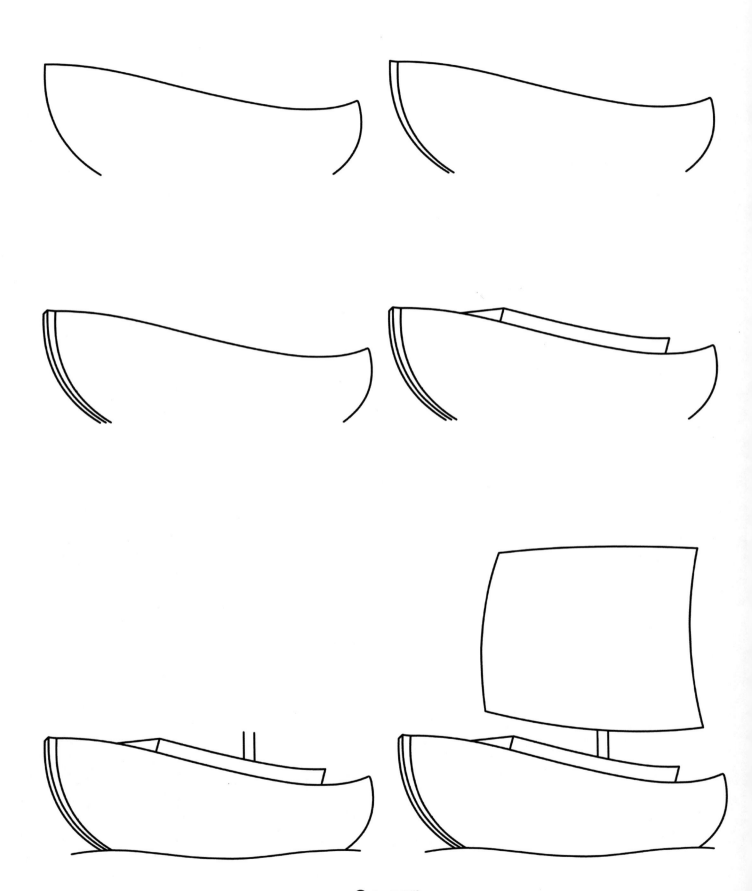

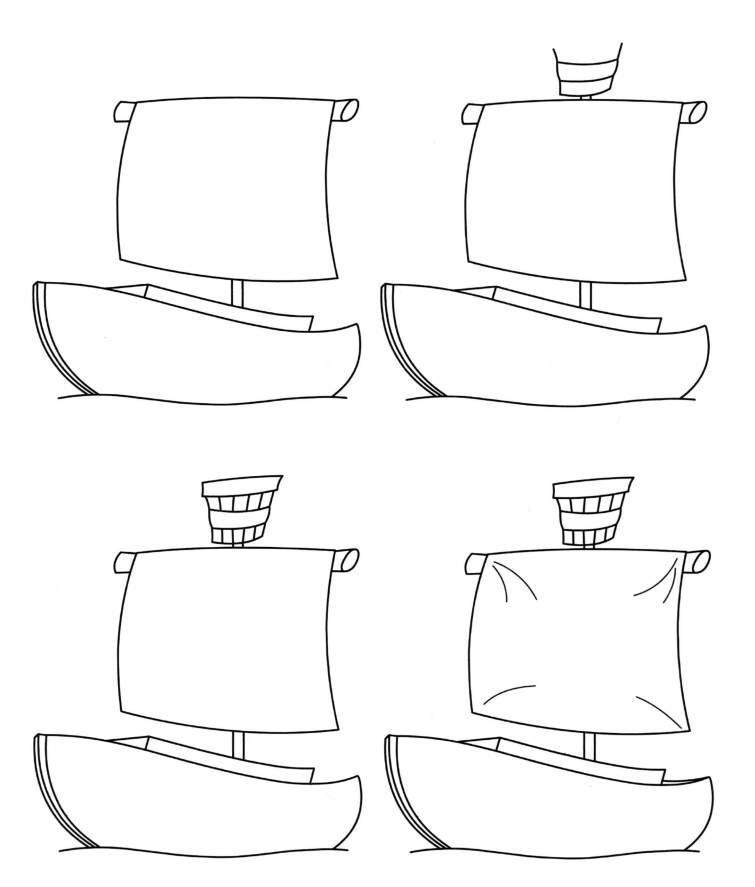

© Amit Offir

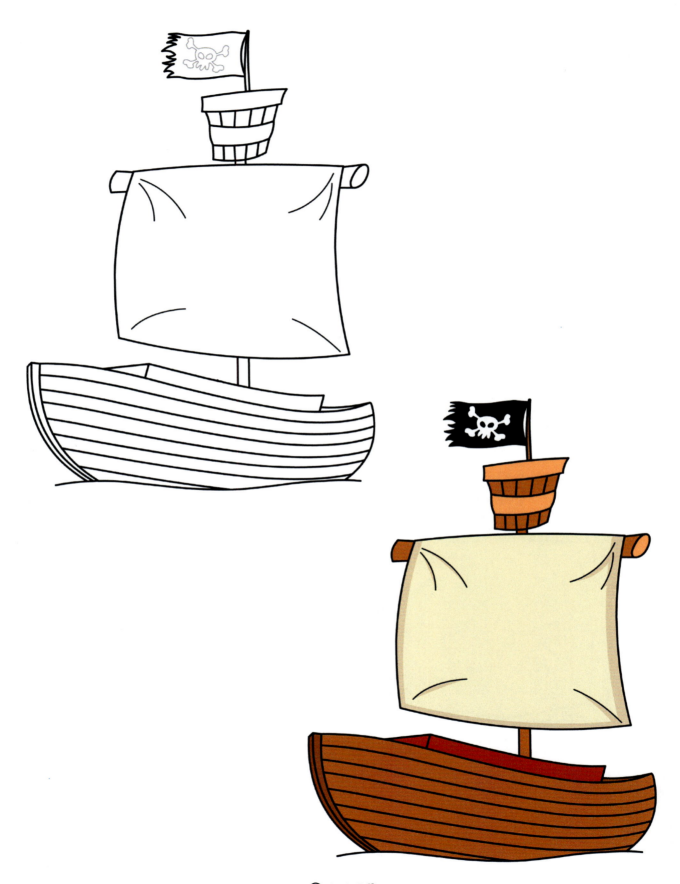

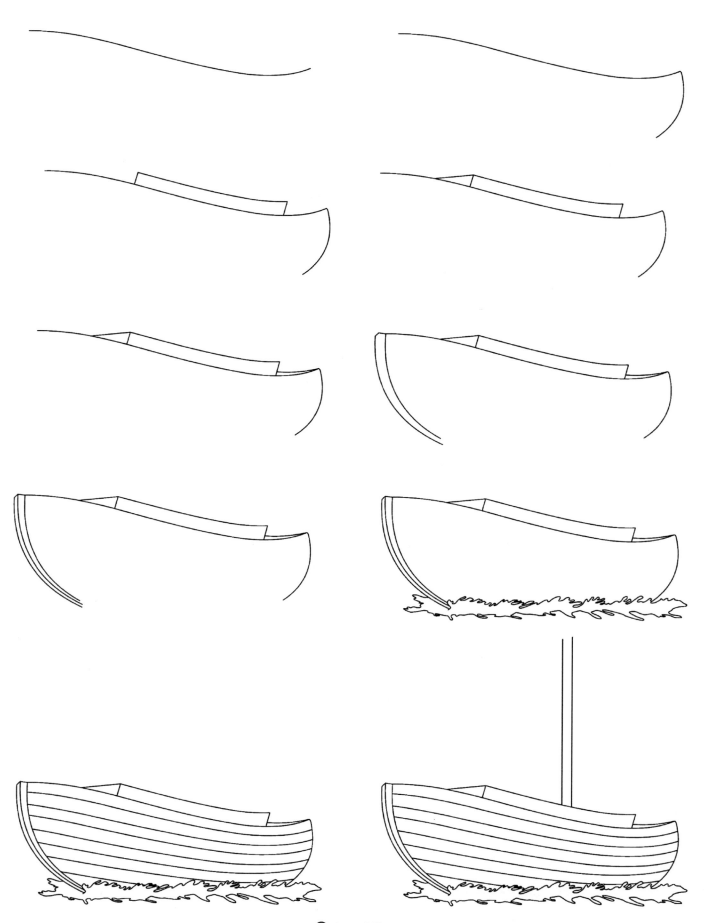

© Amit Offir

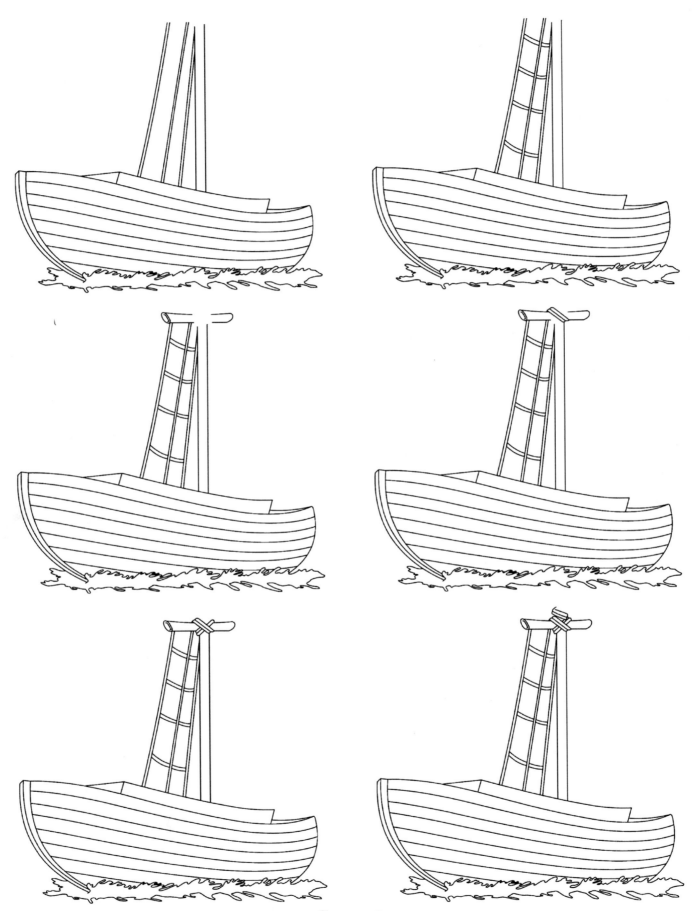

© Amit Offir

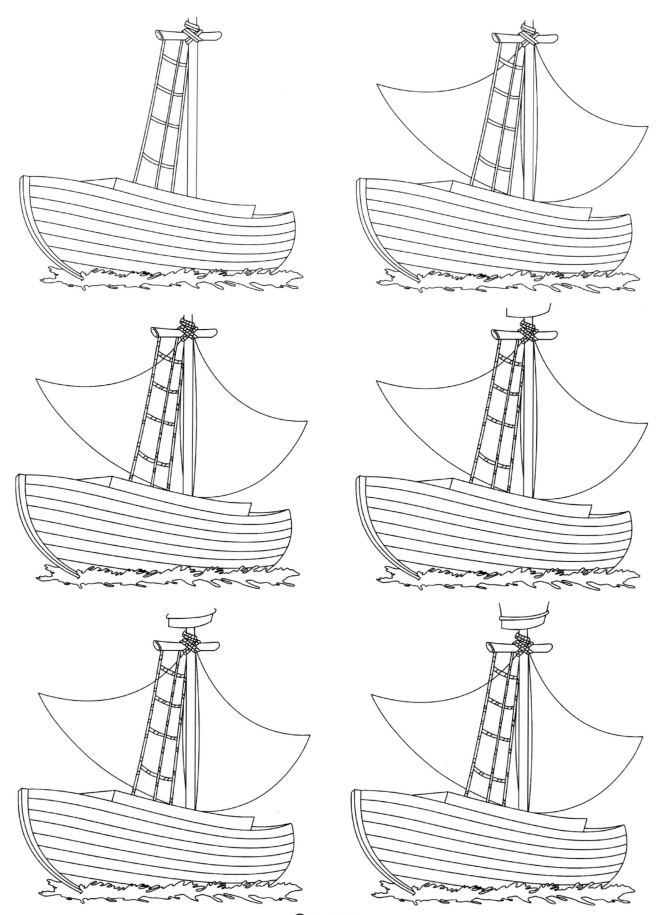

© Amit Offir

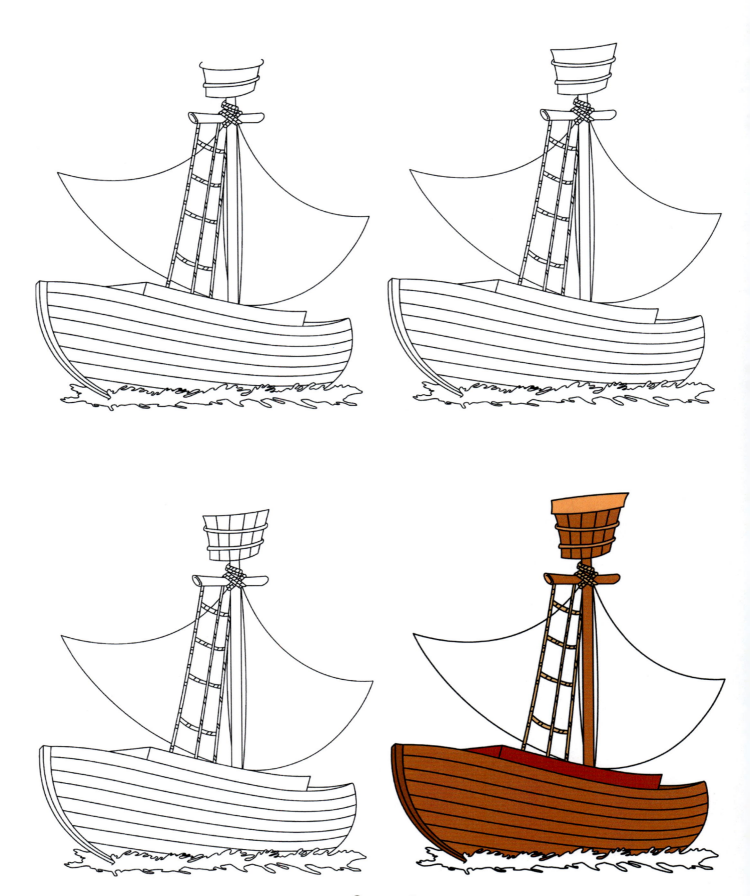

© Amit Offir

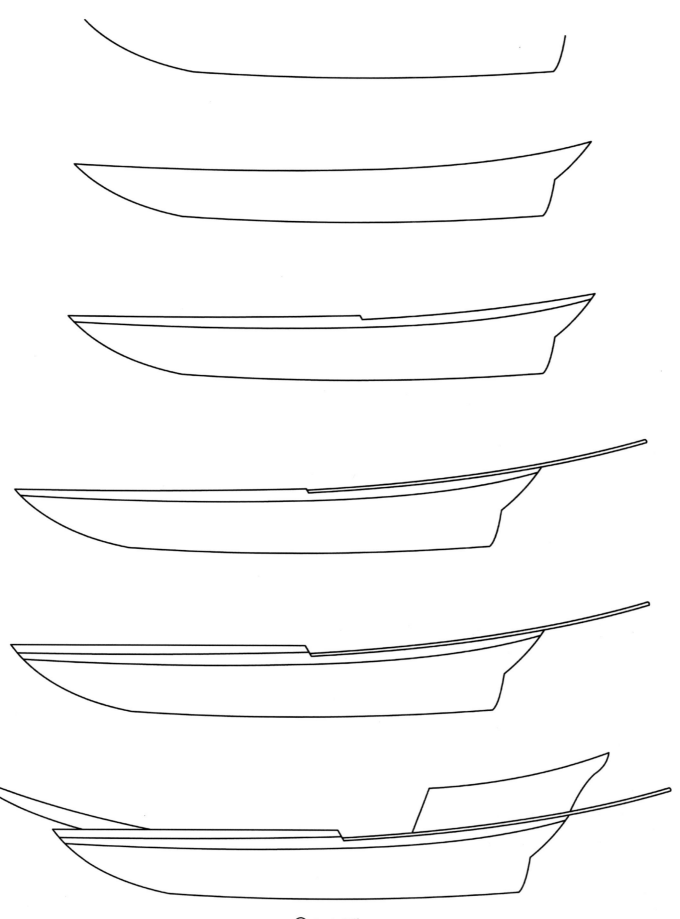

© Amit Offir

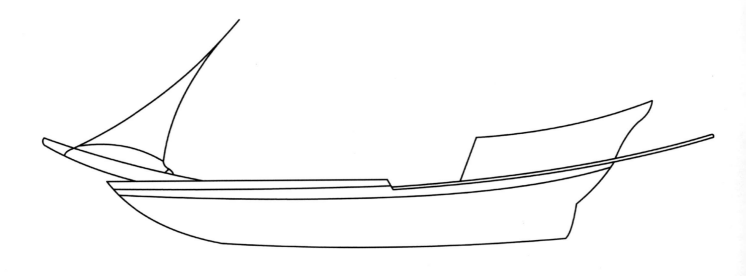
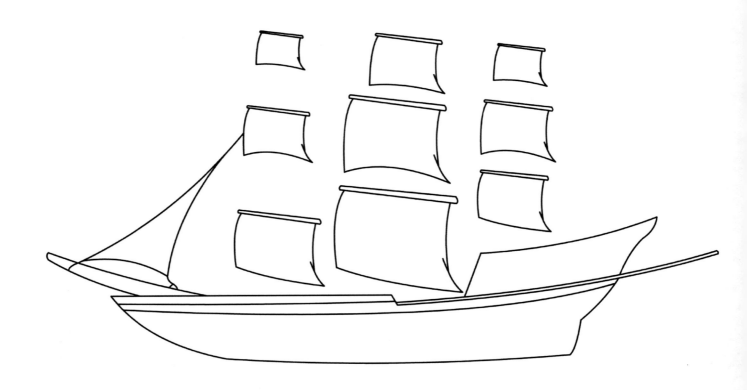

© Amit Offir

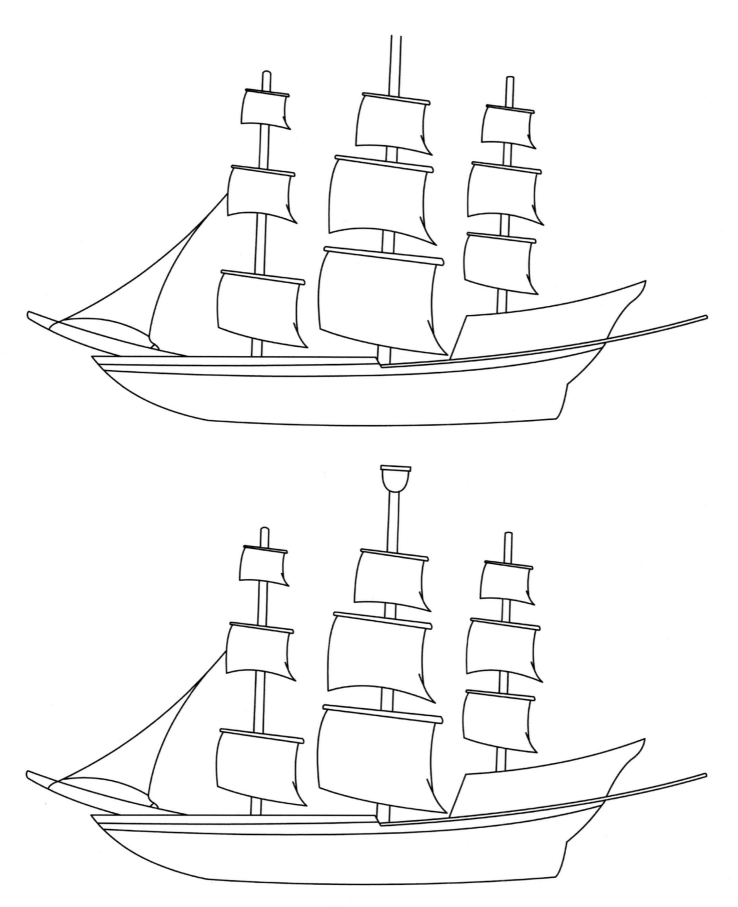
© Amit Offir

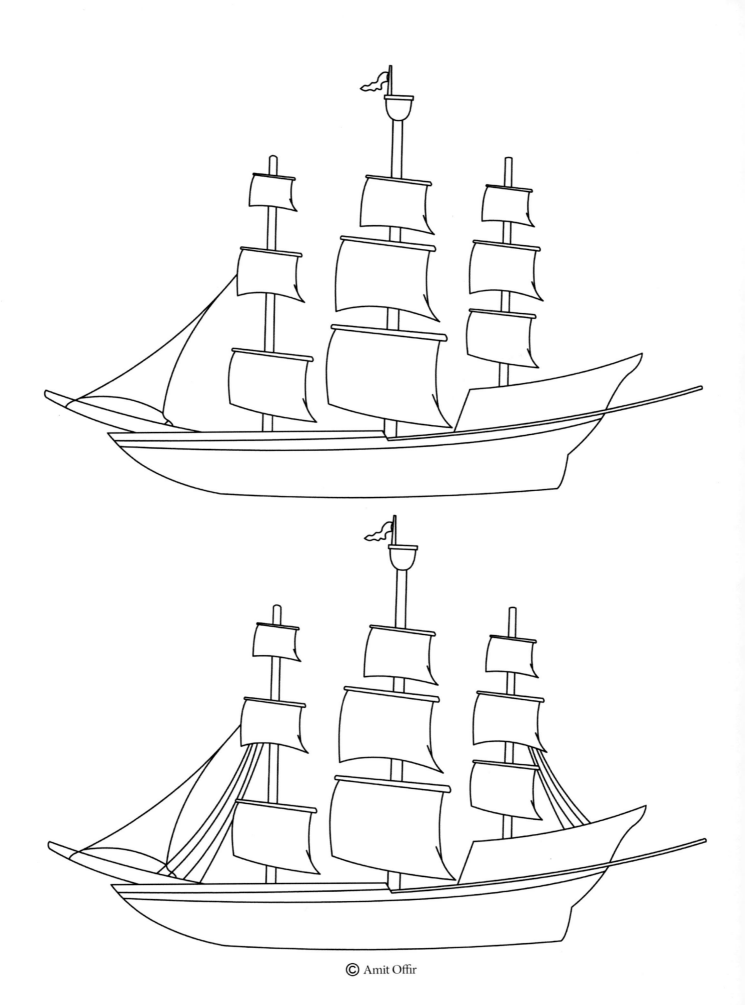

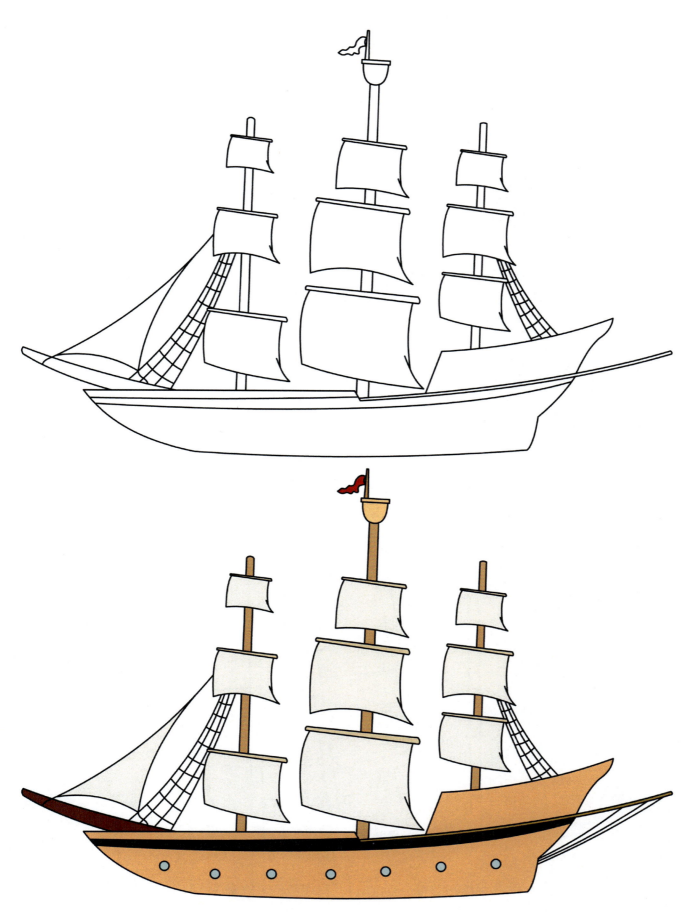

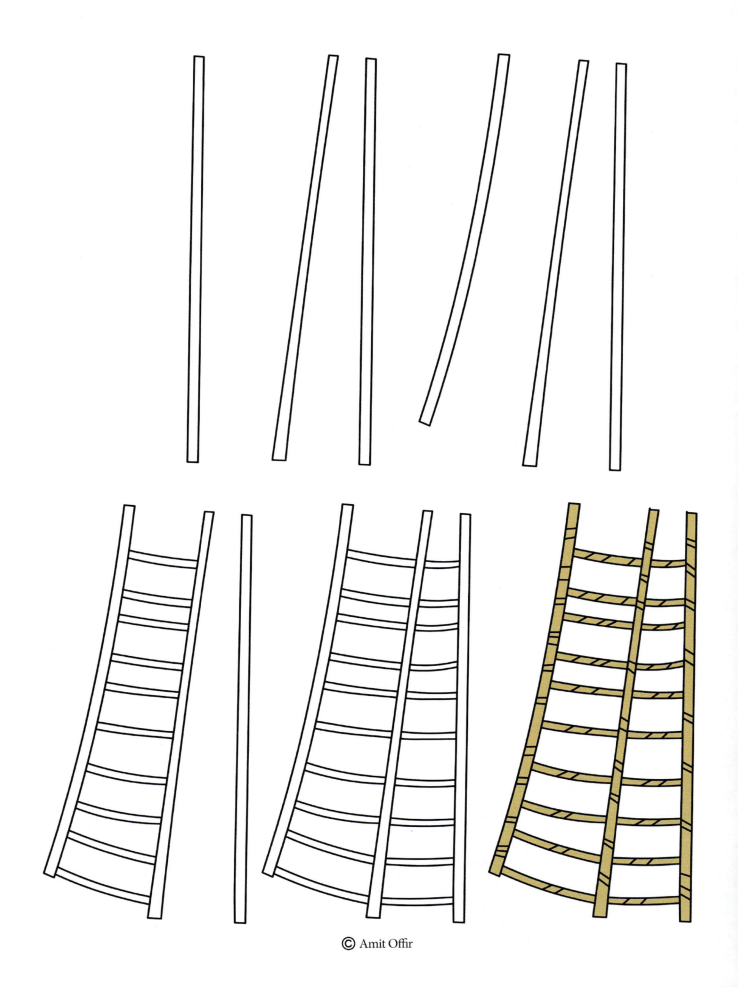

© Amit Offir

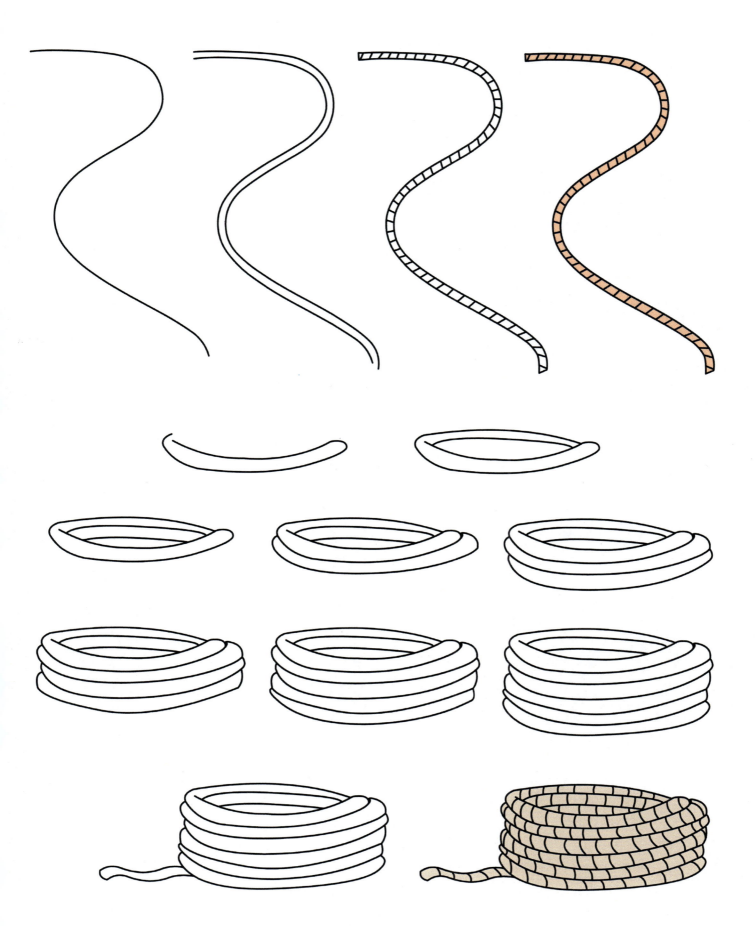

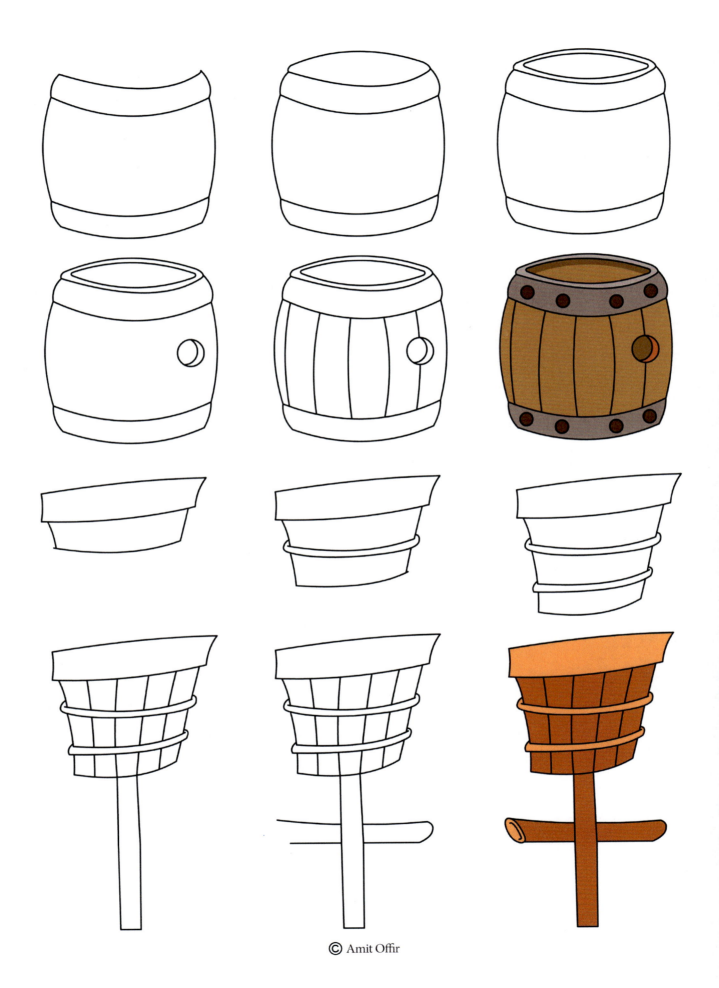

© Amit Offir

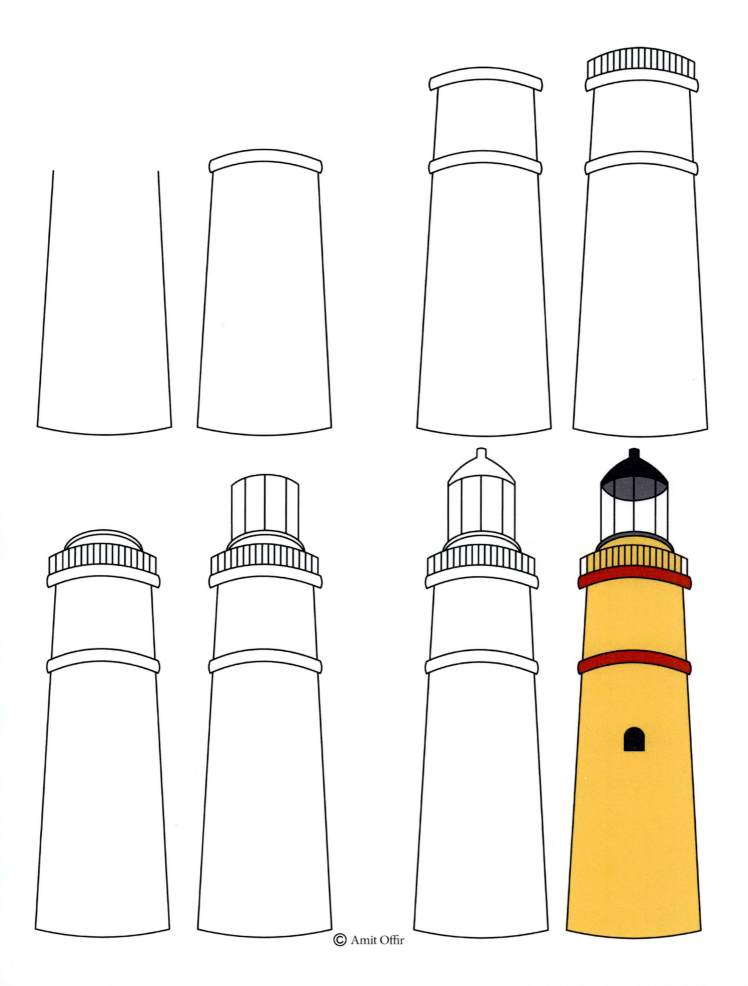

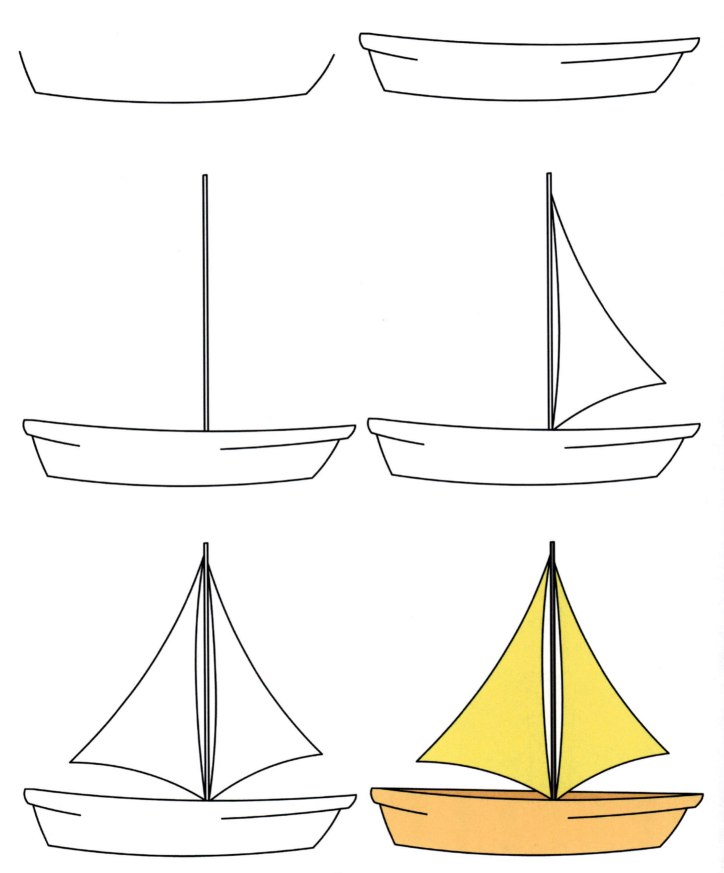

© Amit Offir

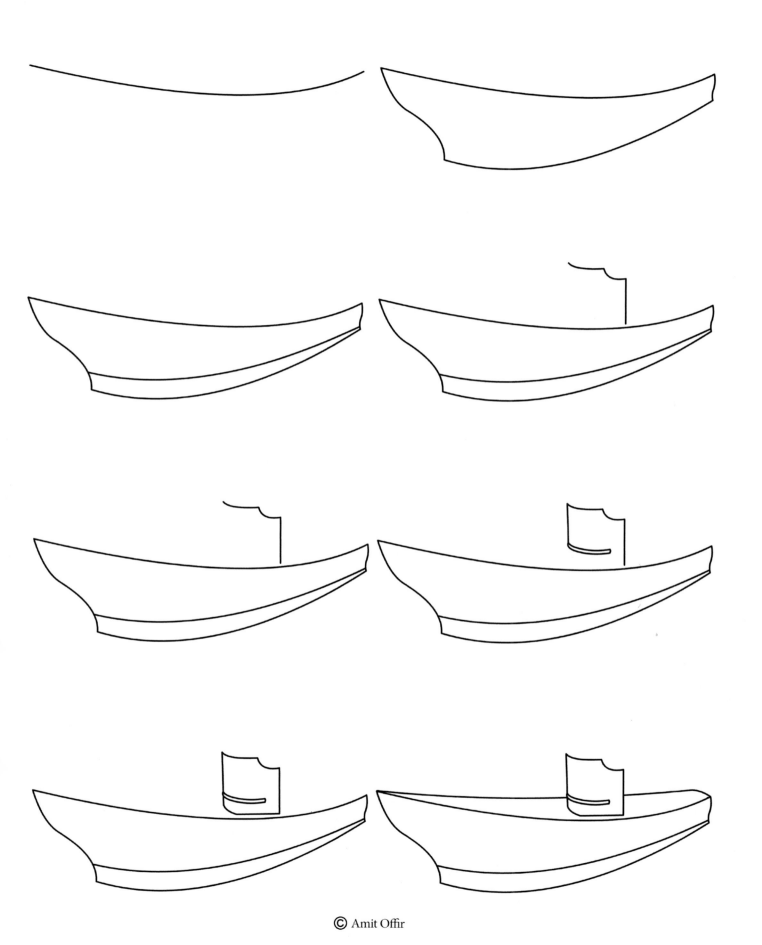

© Amit Offir

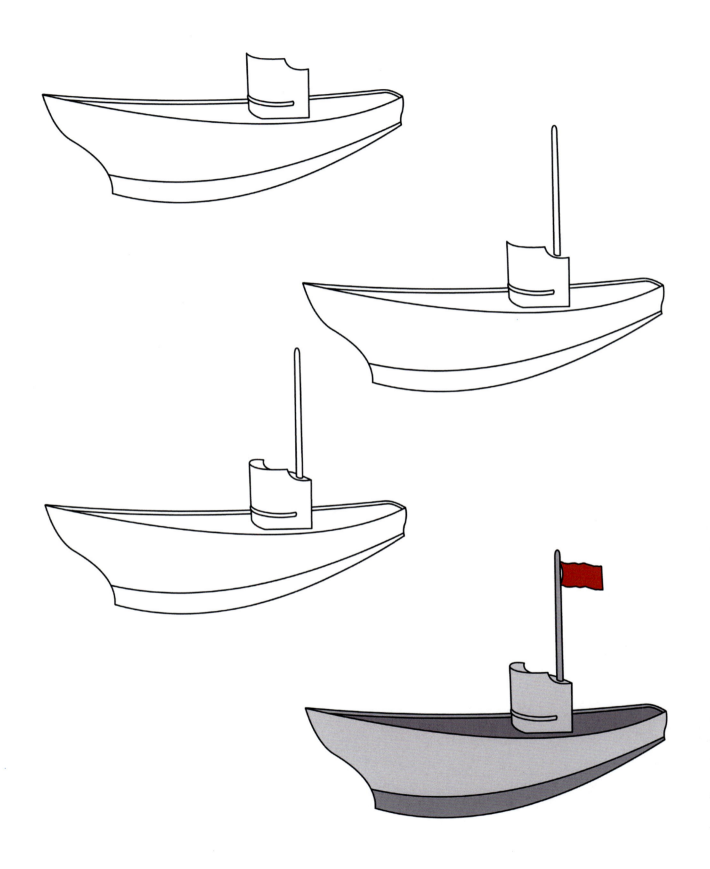

© Amit Offir

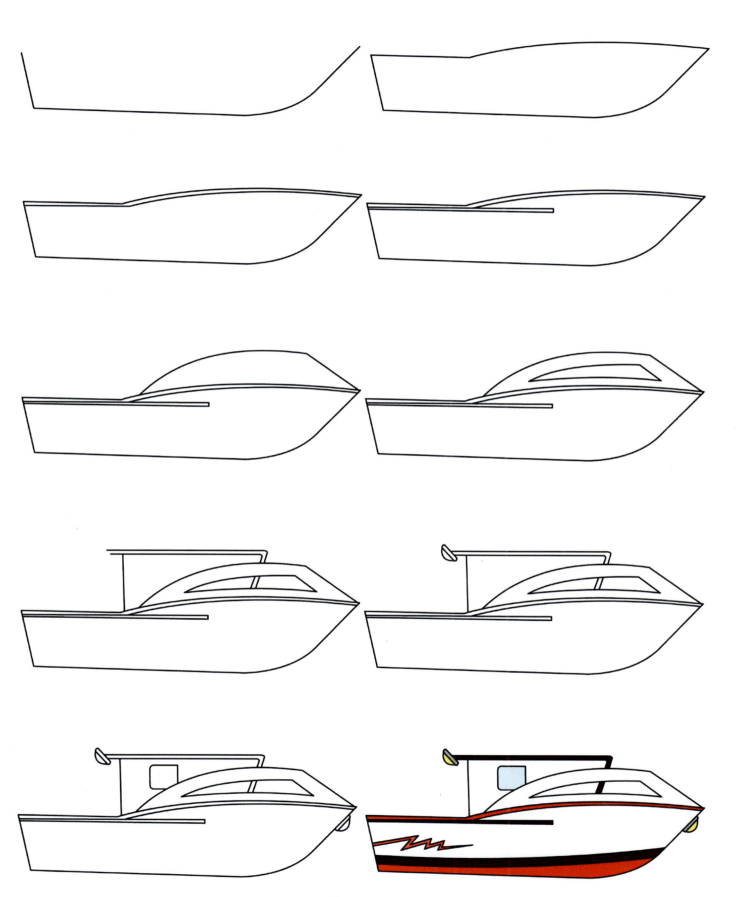

© Amit Offir

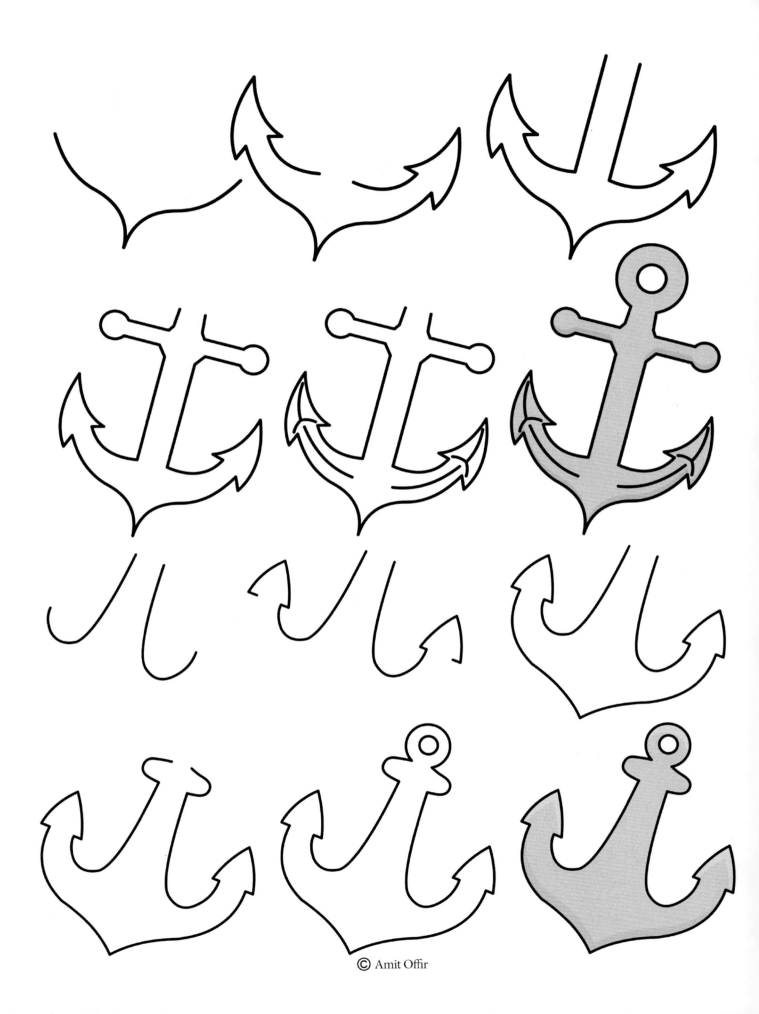

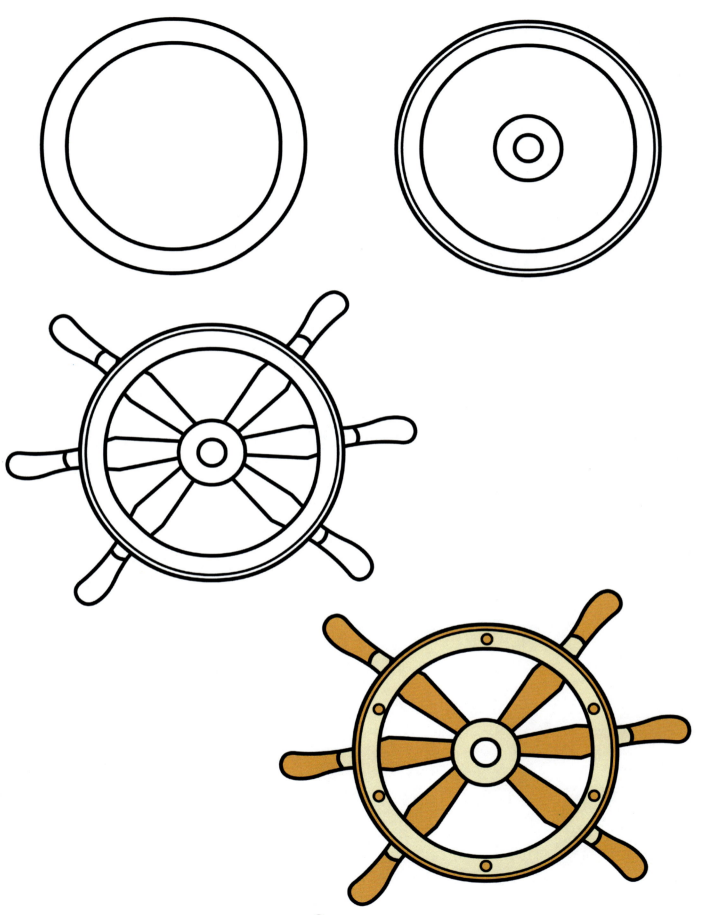

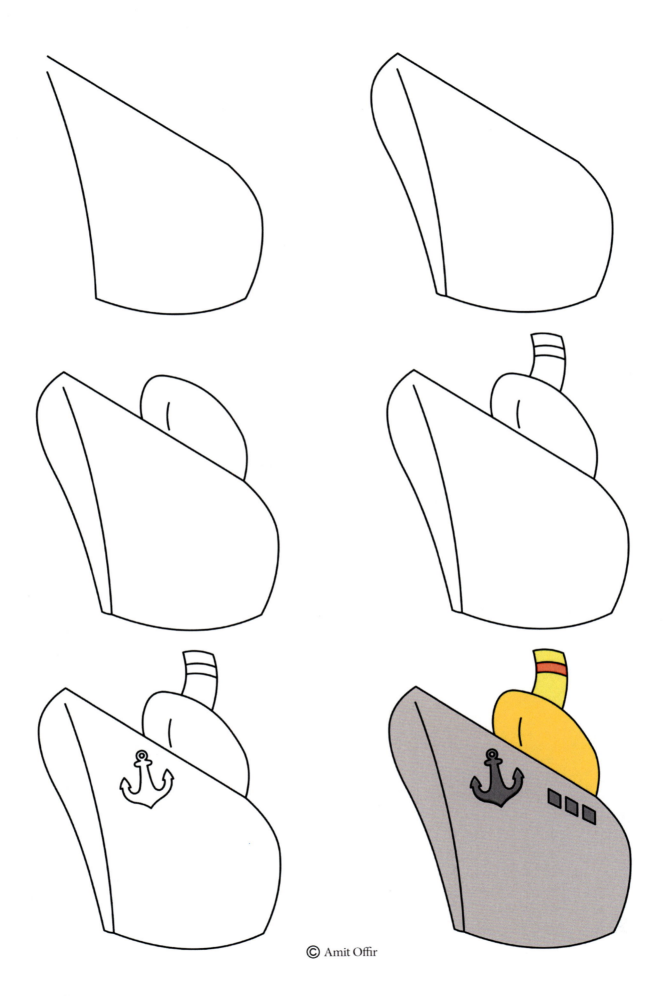

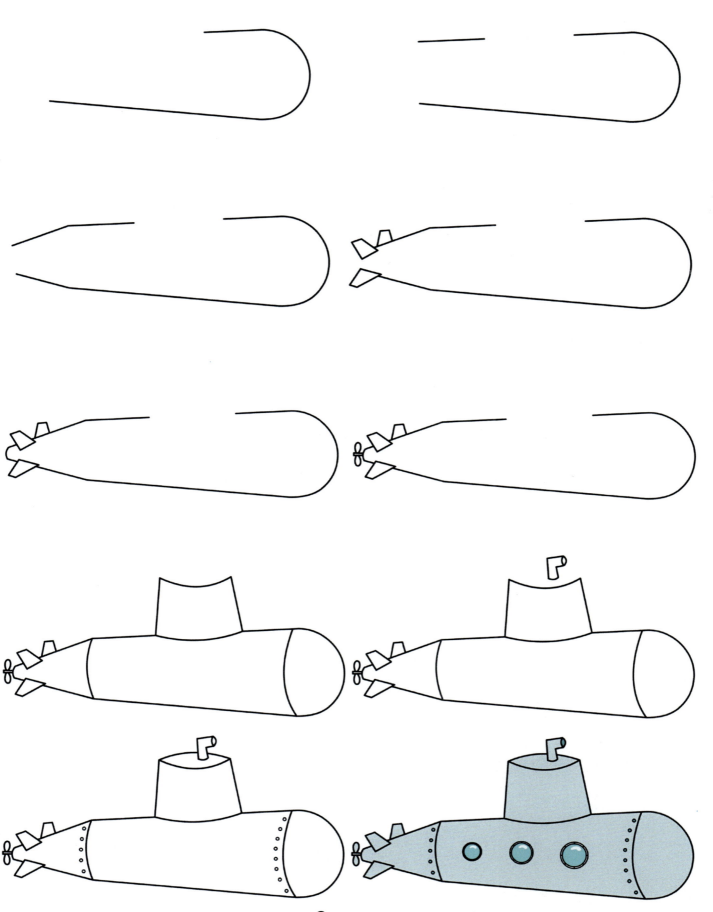

© Amit Offir

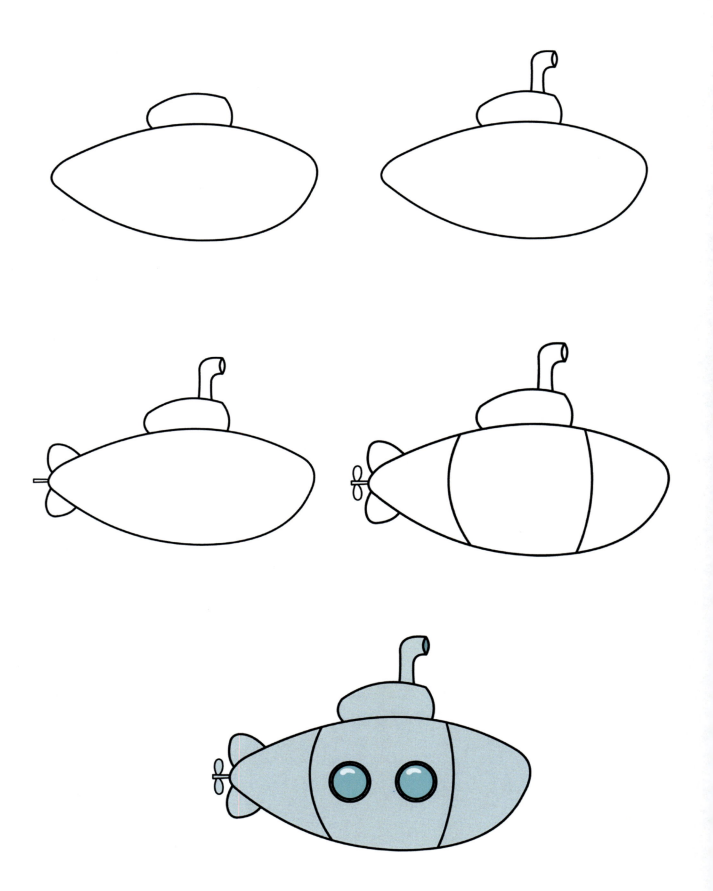

© Amit Offir

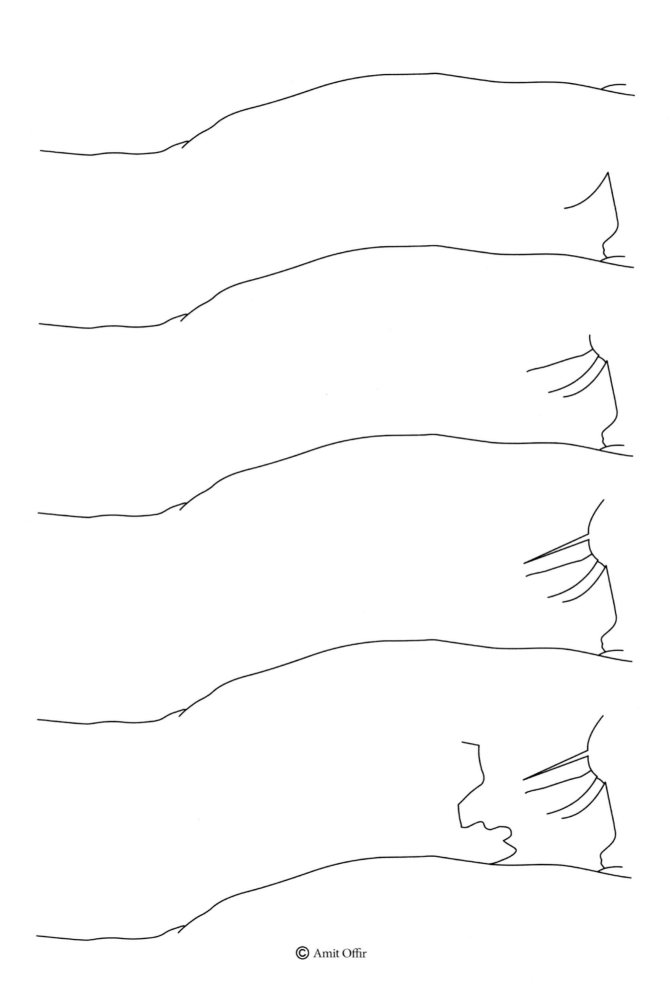

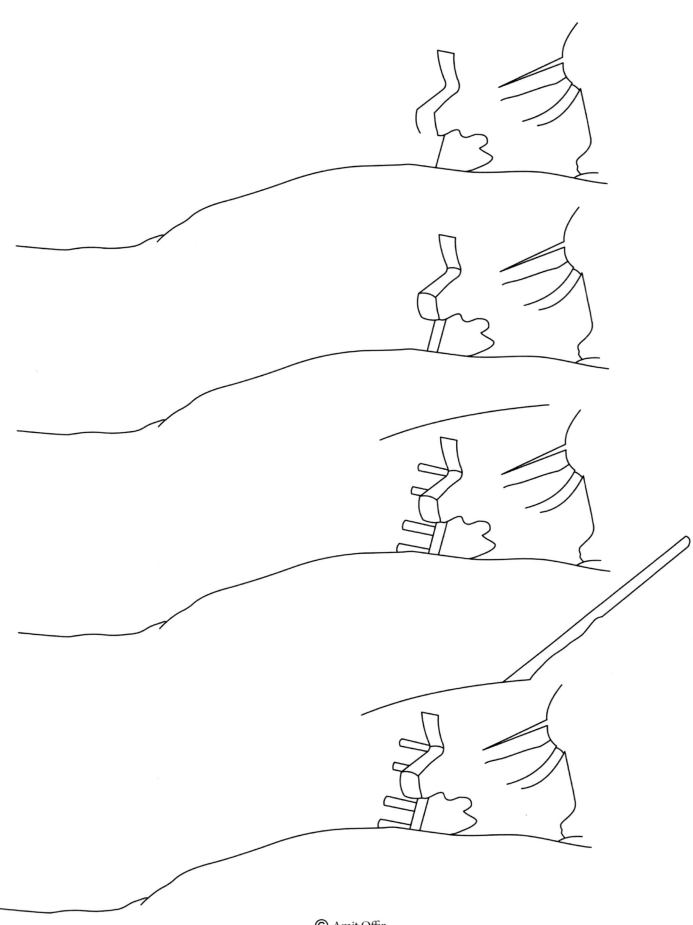

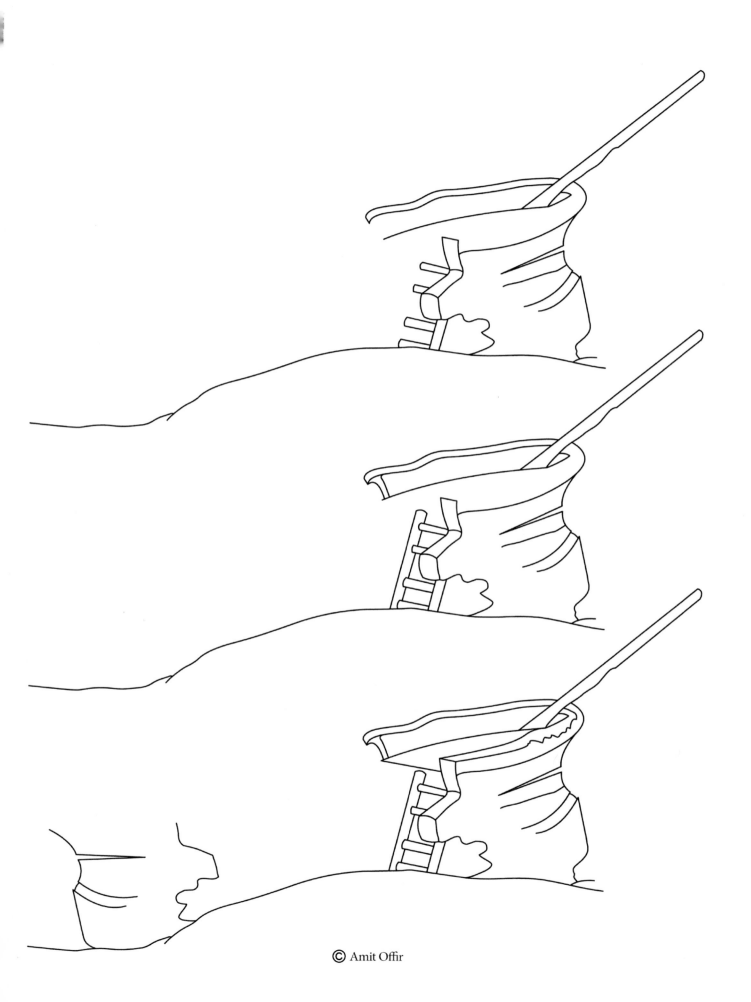

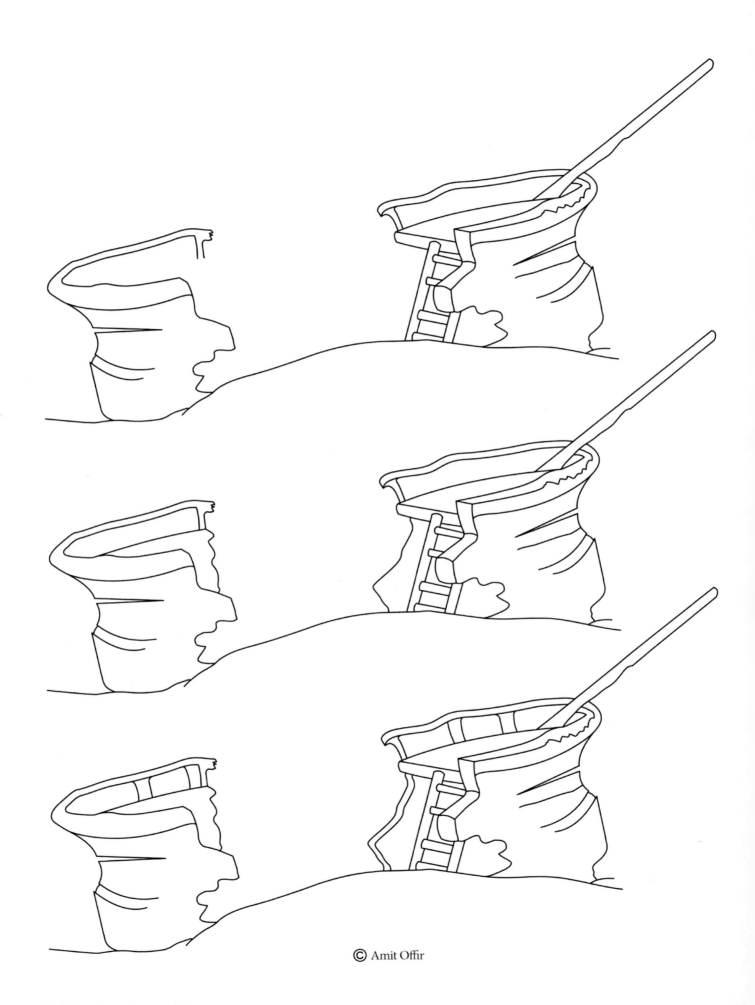

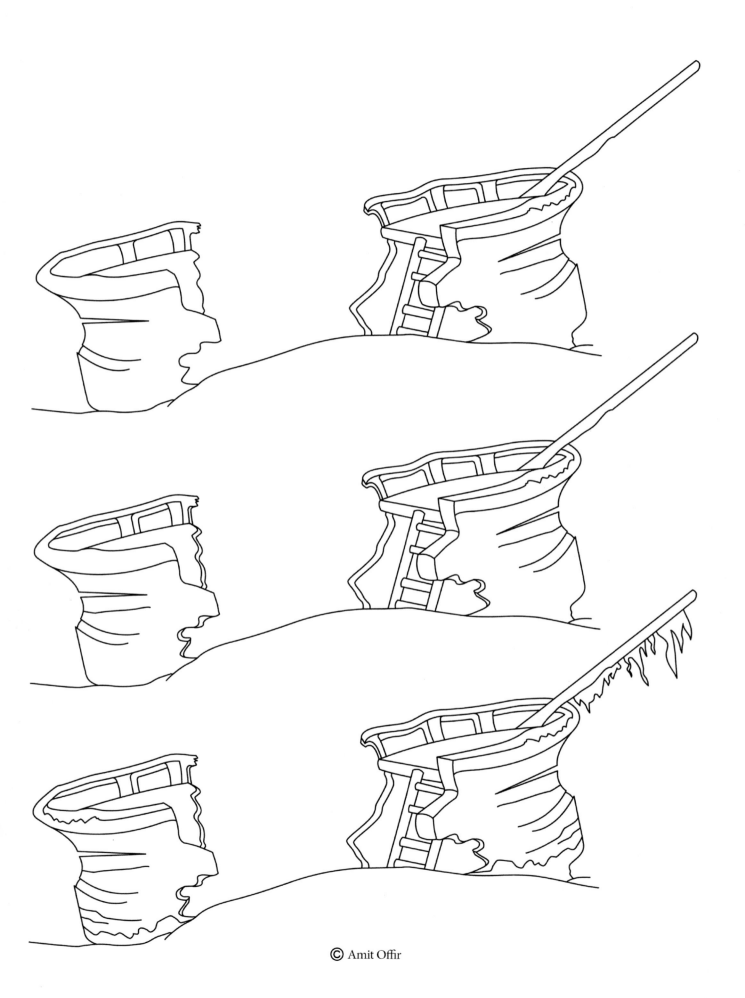

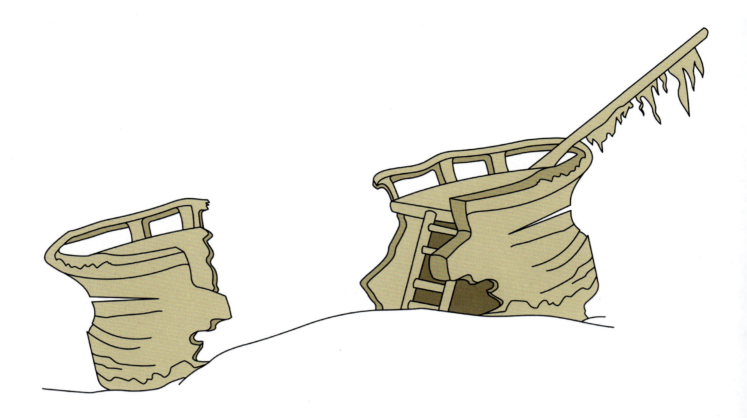

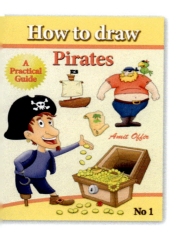
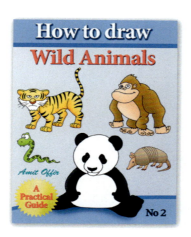
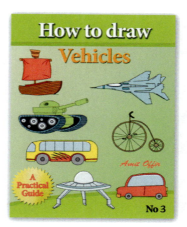
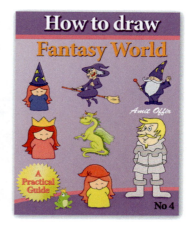
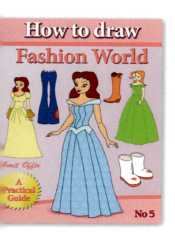
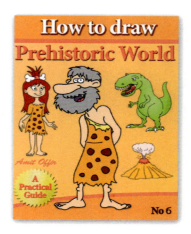
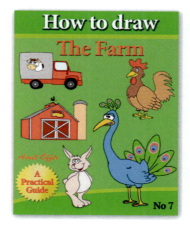
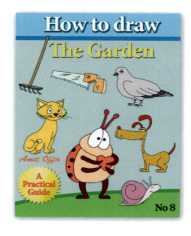
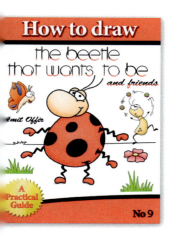
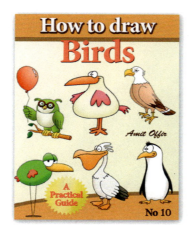
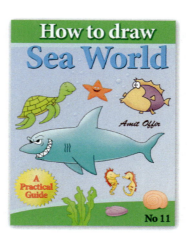
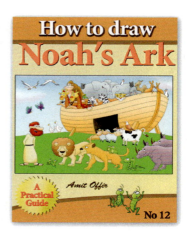
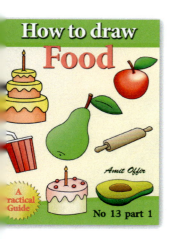
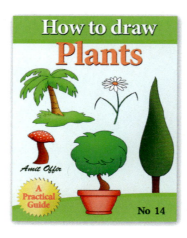
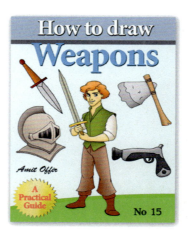
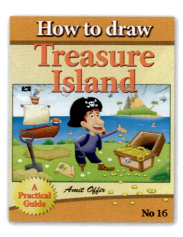

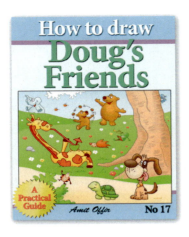 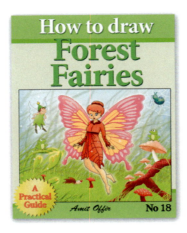 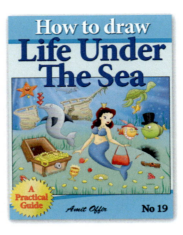 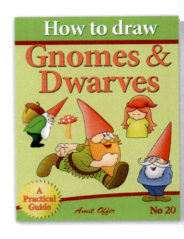
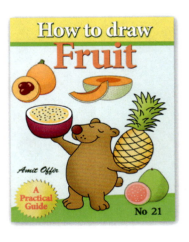 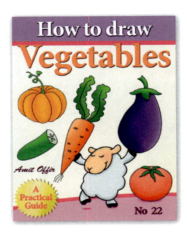 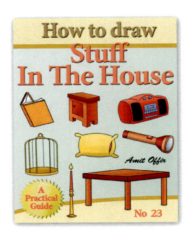 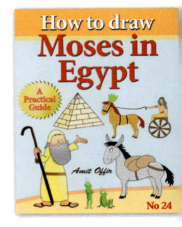
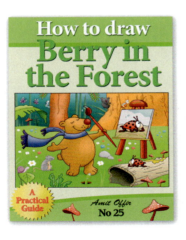 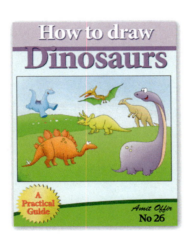 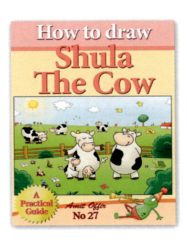 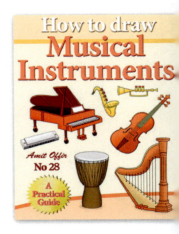
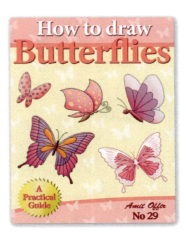 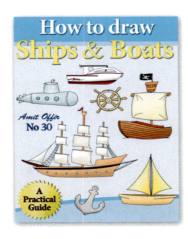 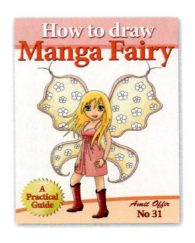 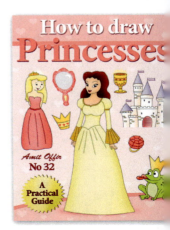

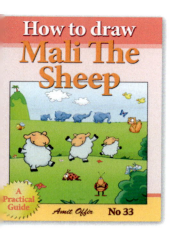
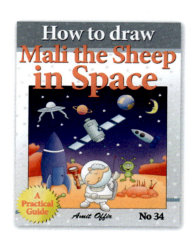
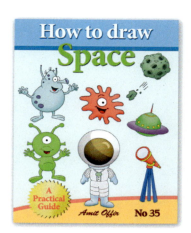
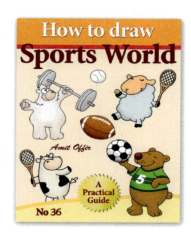

36 BOOKS
over 1110 pages!

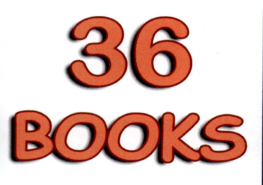
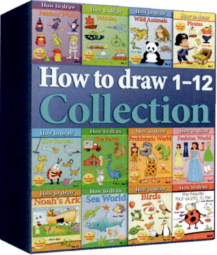
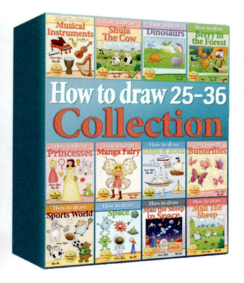
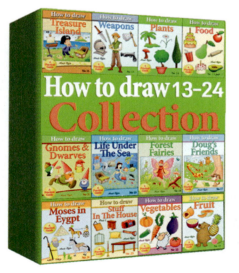
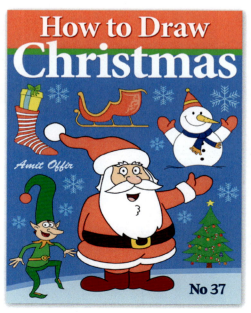

Made in the USA
Middletown, DE
19 May 2017